I0822242

Aviones de caza

Grace Hansen

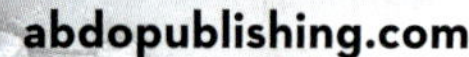

abdopublishing.com

Published by Abdo Kids, a division of ABDO, PO Box 398166, Minneapolis, Minnesota 55439.

Printed in the United States of America, North Mankato, Minnesota.

052017

092017

THIS BOOK CONTAINS RECYCLED MATERIALS

Spanish Translator: Maria Puchol

Photo Credits: af.mil, iStock, ©United States Government Work p.11, ©Jordan Tan p.22 / Shutterstock.com

Production Contributors: Teddy Borth, Jennie Forsberg, Grace Hansen

Design Contributors: Laura Mitchell, Dorothy Toth

Publisher's Cataloging in Publication Data

Names: Hansen, Grace, author.

Title: Aviones de caza / by Grace Hansen.

Other titles: Military fighter aircraft

Description: Minneapolis, Minnesota : Abdo Kids, 2018. | Series: Vehículos y aeronaves militares | Includes bibliographical references and index.

Identifiers: LCCN 2016963373 | ISBN 9781532102110 (lib. bdg.) | ISBN 9781532102912 (ebook)

Subjects: LCSH: Bombers--Juvenile literature. | Attack planes--Juvenile literature. | Airplanes, Military--Juvenile literature. | Fighter planes--Juvenile literature. | Spanish language materials--Juvenile literature.

Classification: DDC 623.74--dc23

LC record available at http://lccn.loc.gov/2016963373

Contenido

Aviones de caza a reacción

Los aviones a reacción son rápidos y fáciles de maniobrar. Se han construido para combate aire-aire. Su objetivo principal es ganar espacio aéreo sobre los campos de batalla.

El F-16 Fighting Falcon

El F-16 Fighting Falcon es un avión de caza multifuncional. Es muy bueno para enfrentarse a la aviación enemiga. Pero también puede atacar a los enemigos en tierra.

WP
AF 90 745
745

Un F-16 puede llevar 6 misiles aire-aire, además de otro armamento. Se le ha construido una ametralladora en el ala izquierda. Puede tirar 6,000 disparos en un minuto.

¡Puede volar a 1,500 millas por hora (2,400 km/h)! Las **fuerzas G** son muy difíciles de controlar. Sólo los mejores pilotos son elegidos para pilotar los F-16.

El F-22 Raptor

El F-22 destaca en el combate aire-aire. Su mejor característica es su capacidad **furtiva**. Los **radares** normales no pueden detectarlo.

El F-22 lleva seis misiles de medio alcance. También lleva dos misiles con sistema de guiado por calor y **bombas inteligentes**.

El F-35 Lightning II

Cada F-22 cuesta 150 millones de dólares. En 2009 las Fuerzas Armadas pararon de comprarlos. Ahora están añadiendo más aviones F-35 Lightning II a su flota.

El F-35 puede ejecutar muchas misiones diferentes. Puede llevar a cabo combates aire-aire y aire-tierra. Se le conoce por su capacidad **furtiva**. Puede volar también para conseguir información para el **servicio de inteligencia**.

Los pilotos de los F-35 usan un casco especial. Lo que apuntan con su casco se convierte en objetivo, el avión lo fija y está listo disparar.

WARNING - DO NOT CUT CANOPY
WITHIN 3 INCHES OF CANOPY FRAME
DANGER
EJECTION SEAT
DANGER
DANGER
RESCUE
TURN FWD MASTER LATCH
TO OPEN DOOR
CAUTION-HOT
CAUTION-HOT
FWD MASTER LATCH (3/32 HEX)
AFT MASTER LATCH (3/32 HEX)
5049

El F-35 Lightning II de cerca

- Velocidad: 1,200 millas por hora (1,931 km/h)
- Revestimiento que absorbe las ondas de **radar**
- Motor Pratt & Whitney F135
- Bodegas internas de armas

Techo de vuelo: 11+ millas (18.29+ km)

Alcance: 1,382 millas (2,224 km)

Glosario

bomba inteligente – bomba aire-tierra, maniobrable y guiada hasta su objetivo.

fuerzas G – fuerzas gravitatorias.

furtivo – que es difícil de detectar visual y auditivamente, o con radares o infrarrojos.

radar – aparato que determina la presencia y localización de un objeto, midiendo el tiempo de retorno del eco de una onda de radio.

servicio de inteligencia – agencia que busca información sobre el enemigo.

Índice

abdokids.com

¡Usa este código para entrar en abdokids.com y tener acceso a juegos, arte, videos y mucho más!

Código Abdo Kids:
MMK9350